# BEI GRIN MACHT SICH WISSEN BEZAHLT

- Wir veröffentlichen Ihre Hausarbeit, Bachelor- und Masterarbeit

- Ihr eigenes eBook und Buch - weltweit in allen wichtigen Shops

- Verdienen Sie an jedem Verkauf

Jetzt bei www.GRIN.com hochladen und kostenlos publizieren

**Bibliografische Information der Deutschen Nationalbibliothek:**

Die Deutsche Bibliothek verzeichnet diese Publikation in der Deutschen Nationalbibliografie; detaillierte bibliografische Daten sind im Internet über http://dnb.d-nb.de/ abrufbar.

Dieses Werk sowie alle darin enthaltenen einzelnen Beiträge und Abbildungen sind urheberrechtlich geschützt. Jede Verwertung, die nicht ausdrücklich vom Urheberrechtsschutz zugelassen ist, bedarf der vorherigen Zustimmung des Verlages. Das gilt insbesondere für Vervielfältigungen, Bearbeitungen, Übersetzungen, Mikroverfilmungen, Auswertungen durch Datenbanken und für die Einspeicherung und Verarbeitung in elektronische Systeme. Alle Rechte, auch die des auszugsweisen Nachdrucks, der fotomechanischen Wiedergabe (einschließlich Mikrokopie) sowie der Auswertung durch Datenbanken oder ähnliche Einrichtungen, vorbehalten.

**Impressum:**

Copyright © 2016 GRIN Verlag, Open Publishing GmbH
Druck und Bindung: Books on Demand GmbH, Norderstedt Germany
ISBN: 9783668408159

**Dieses Buch bei GRIN:**

http://www.grin.com/de/e-book/354471/praevention-von-lumbalen-rueckenschmerzen-durch-krafttraining

Eva Pieper

# Prävention von lumbalen Rückenschmerzen durch Krafttraining

**Systematisches Review**

GRIN Verlag

**GRIN - Your knowledge has value**

Der GRIN Verlag publiziert seit 1998 wissenschaftliche Arbeiten von Studenten, Hochschullehrern und anderen Akademikern als eBook und gedrucktes Buch. Die Verlagswebsite www.grin.com ist die ideale Plattform zur Veröffentlichung von Hausarbeiten, Abschlussarbeiten, wissenschaftlichen Aufsätzen, Dissertationen und Fachbüchern.

**Besuchen Sie uns im Internet:**

http://www.grin.com/

http://www.facebook.com/grincom

http://www.twitter.com/grin_com

Sportwissenschaft

Wintersemester 2016

Modul 4: **Prävention und Regeneration**

Studienarbeit:

„Prävention von lumbalen Rückenschmerzen durch Krafttraining - Systematisches Review"

Verfasserin: Eva Pieper

2 Semester
Master of Arts

Abgabedatum: 23.11.2016

# Inhaltsverzeichnis

1 Einleitung ..................................................................................................... 3
2 Theorie ........................................................................................................ 4
    2.1    Stand der Forschung ......................................................................... 4
        2.1.1 Theoretisches Hintergrundwissen ................................................. 4
        2.1.2 Untersuchte Zusammenhänge bei unteren Rückenschmerzen ....... 8
    2.2 Fragestellung .......................................................................................... 9
3 Methode ..................................................................................................... 10
    3.1 Ein- Ausschlusskriterien ........................................................................ 11
    3.2 Vorgehen der Literatursuche und Auswertung ...................................... 11
        3.2.1 PubMed ........................................................................................ 11
        3.2.2 Cochraine Library ........................................................................ 12
        3.2.3 Google Scholar ............................................................................ 12
    3.3 Literaturauswertung -verarbeitung ........................................................ 14
4 Ergebnisse .................................................................................................. 14
    4.1 Ergebnisse der Suche in PubMed ......................................................... 14
    4.2 Ergebnisse der Suche in Google Schoolar ............................................ 15
5 Diskussion .................................................................................................. 17
    5.1 Beantwortung der Fragestellungen ....................................................... 17
    5.2 Zu den Ergebnissen der Suche in PubMed ........................................... 17
    5.3 Zu den Ergebnissen der Suche in Google Schloolar ............................ 18
    5.4 Allgemeine Limitationen ...................................................................... 19
    5.5 Parallelen zur Rehabilitation ................................................................. 20
    5.6 Multimodale Therapien und Ursachen ................................................. 20
    5.7 Fazit ..................................................................................................... 21
6 Literaturverzeichnis ................................................................................... 23

# 1 EINLEITUNG

Rückenschmerzen spielen heutzutage bei der deutschen Bevölkerung eine zunehmend große Rolle. Nachdem im 19. und Anfang des 20. Jahrhunderts wenig über Rückenschmerzen dokumentiert wurde, gaben bis zu 85 % der Teilnehmer der deutschen Rückenschmerzstudie im Jahr 2003 an, mindestens einmal im Leben an Schmerzen des Rückens gelitten zu haben (Raspe, 2012). Während des vorangegangenen Jahres litten alleine 56 % der Männer und 66 % der befragten Frauen bei einer Umfrage des Robert-Koch-Instituts an Rückenscherzen (Martin & Ziese, 2004). Neben anderen, weit verbreiteten Krankheiten wie Bluthochdruck, Fehlsichtigkeit und Stoffwechselstörungen ist der Rückenschmerz die häufigste Diagnose (ISEG, 2008).

Trotz vielseitigem Bemühen seitens der Wissenschaft bleiben die meisten Fragen bezüglich Ursache, Risiko und Prognose offen. Die Pathophysiologie ist in nur wenigen Bereichen verstanden (Bosscher & Heavner, 2015). Es besteht jedoch Konsens darüber, dass meist eine komplexe Problematik vorliegt. Diese besteht aus einem Mix von physiologisch-organischen Quellen, kognitiven und emotionalen sowie sozialen und verhaltensbedingte Faktoren (Raspe, 2012).

Um dieser aktuellen Situation entgegen zu steuern, ist es wichtig, zu erkennen, wie Rückenschmerzen vorgebeugt und effektiv therapiert werden können. In welchem Rahmen Krafttraining gegen die Entstehung von unteren Rückenschmerzen präventiv wirkt, soll in dieser Arbeit genauer betrachtet werden.

Dazu wird in dieser Arbeit die aktuelle Literatur aufgearbeitet und in Form eines Systematischem Reviews zusammengefasst.

# 2 Theorie

In dem ersten Teil dieses Theoriekapitels wird zunächst themenrelevantes Hintergrundwissen dargestellt, um eine Grundlage für das Verständnis der Arbeit zu bieten. Darüber hinaus wird der Status der aktuellen Forschung beschrieben und bisherige Zusammenhänge betrachtet. Dies bildet die Grundlage für die Fragestellung, die im Abschnitt 2.2 konkretisiert wird.

## 2.1 Stand der Forschung

### 2.1.1 Theoretisches Hintergrundwissen

*Einordnung der Rückenschmerzen als Rückenerkrankung*

Es gibt verschiedene Arten der Rückenerkrankungen. Die Internationale Klassifikation der Krankheiten sieht folgende Einteilung vor (Bauknecht, Braun, & Müller, 2009):

- Deformitäten der Wirbelsäule und des Rückens
- Spondylopathien
- Zervikale Bandscheibenschäden
- Sonstige Bandscheibenschäden
- Sonstige Erkrankungen der Wirbelsäule und des Rückens
- Rückenschmerzen

Demnach sind die sogenannten *Rückenschmerzen* eine Art der verschiedenen Rückenerkrankungen und sollten differenziert betrachtet werden. Vielmals werden sie jedoch als Überbegriff für alle Arten der schmerzbringenden Erkrankungen im Bereich des Rückens genutzt. Die hier erfolgte Einteilung soll dahingehend sensibilisieren, dass erkannt wird, dass durchaus Unterschiede in Rückenerkrankungen bestehen und damit auch in ihren Ursachen und der Entstehung.

Degenerativen Erkrankungen wie z. B. starke Bandscheibenschäden, können schmerz- und symptomfrei bleiben (Bauknecht et al., 2009). Es liegt jedoch bereits ein Schaden vor. Um einer Symptomentwicklung vorzubeugen, spielen wiederum Präventionsmaßnahmen eine Rolle.

*Schmerzen*

Die International Association for the Study of Pain (IASP, Internationale Gesellschaft zur Erforschung des Schmerzes) definiert Schmerz als ein unangenehmes Sinnes- oder Gefühlserlebnis, das mit tatsächlicher oder potenzieller Gewebeschädigung einhergeht oder von betroffenen Personen so beschrieben wird, als wäre eine solche Gewebeschädigung die Ursache (Merskey & Bogduk, 1994). Diese Definition beinhaltet, dass die Ursachen der Schmerzen oft unklar sind.

*Unspezifische Rückenschmerzen*

Rückenschmerzen, die keiner anatomische Quelle zugeordnet werden können, werden auch unspezifischen Rückenschmerzen genannt. Bei circa 80% der Rückenschmerzpatienten ist die Ursache der Schmerzen unklar (Raspe, 2012). Dies ist in etwas gleichzusetzen mit den Rückenschmerzen als Rückenerkrankung. Weitere Begriffe sind Kreuzschmerz oder Lumbago (Bauknecht et al., 2009). In der englischsprachigen Literatur wird der Begriff *Low Back Pain* genutzt, der auch im deutschen mit *LBP* abgekürzt und verwendet wird.

*Chronische Rückenschmerzen*

Darüber hinaus gibt es die chronischen Rückenschmerzen, die oft Gegenstand der Literatur sind. Laut aktueller Literatur kann man ab rund 3 Monaten regelmäßigem Schmerzes von chronischem Schmerz sprechen (Bernateck, Sabatowski, Karst, & Siebrecht, 2014). Knapp 30 Prozent aller Rückenschmerzen chronifizieren (Martin & Ziese, 2004). Grundsätzlich geht es in dieser Arbeit darum, den Rückenschmerz insgesamt vorzubeugen, also das primäre Auftreten zu vermeiden. Ein wiederholtes Auftreten und dessen Vermeidung würde man der sekundären und tertiären Prävention zuordnen (Banzer, Knoll, & Bös, 1998).

*Mögliche Studiendesigns zur Präventionswirksamkeit*

Es ist nicht ganz einfach, Studien zur Prävention durchzuführen. Insbesondere konkrete Trainingsprogramme zur Prävention lassen sich schwer überprüfen.

Eine Möglichkeit läge darin, Patienten mir LBP bezüglich der Aktivitäten, die sie vor dem Schmerzauftreten durchgeführt haben, zu untersuchen. Man könnte durch Befragung herausfinden, ob diese Menschen ein Krafttraining betrieben haben. Dazu braucht man dann wieder eine Gruppe von Menschen, die dem gleichen Kollektiv entsprechen, außer dass sie keine Schmerzen entwickelt haben. Hier könnte man dann untersuche, in wie fern ihre körperliche Aktivität von denen mit den LBP abweicht und ob diese signifikante Unterschiede bezüglich des ausgeführten Krafttrainingsprogramms aufweisen.

*Mögliche Studiendesigns:*

- Primärprävention/Prävalenz (Kennzahl für Krankheitshäufigkeit) von LBP: Personen gleichen Berufs befragen unter folgender Fragestellung: wer davon hat LBP? Welche Aktivitäten führten diese Personen aus? War Krafttraining dabei? Auf welche Art und Weise wurde das Krafttraining durchgeführt? Was unterscheidet diese Menschen sonst von den „gesunden" ohne Rückenschmerzen (Alter, Gewicht, BMI, Einkommen, Geschlecht, …)?
  Davon könnte man z. B. Risiken für Rückenschmerzen ableiten: „Personen, die

weniger als 1x pro Woche Krafttraining durchführten, haben ein höheres/geringeres Risiko, LBP zu bekommen als Personen, die regelmäßig mehr als 1x pro Woche ihre Kraft trainierten"

- Sekundäre Prävention/ Prävalenz chronischer Rückenschmerzen: Personen mit LBP analysieren: bei welchen Patienten wird es chronisch? Was unterscheidet diese von den anderen?

*Kraftarten*

Definiert ist Kraft als „[...] die Fähigkeit des Nerv-Muskelsystems, durch Muskeltätigkeit Widerstände zu überwinden [...], ihnen entgegenzuwirken [...] bzw. sie zu halten [...]" (Zimmermann, Starischka, & Grosser, 2015). Die Richtung der resultierenden Bewegung hängt dabei von der Größe des Widerstandes ab. Wenn dieser kleiner als die erzeugte Spannung des Muskels ist, verkürzt der Muskel und es kommt zu einer **konzentrischen** Bewegungen (Tomasits & Haber, 2011). Ist der Widerstand größer als die Spannung, verlängert sich der Muskel und die Bewegung ist **exzentrisch** (Tomasits & Haber, 2011). Ist der Widerstand unbeweglich bzw. gleich der Spannung, ändert sich die Muskellänge nicht. Man spricht hier von einer **isometrischen** Spannung (Tomasits & Haber, 2011). Nach den beteiligten motorischen Hauptbeanspruchungsformen teilt sich die Kraft in die **Maximalkraft**, die **Kraftausdauer** sowie die **Schnellkraft** auf (Weineck, 2004b).

„Die Maximalkraft ist die höchstmögliche Kraft, die willkürlich gegen einen unüberwindlichen Widerstand erzeugt werden kann" (Zimmermann et al., 2015). Sie spielt bei der Mehrzahl sportlicher Leistungen sowie im Alltag bei Bewegungen, bei denen mehr als 30% der individuellen Kraftfähigkeit eingesetzt werden muss, eine grundlegende Rolle (Schnabel, 2011). Sie ist maßgeblich vom physiologischen Muskelquerschnitt, der intermuskulären Koordination (Zusammenspiel verschiedener Muskeln) und der intramuskulären Koordination (Zusammenspiel der Muskelfasern in einem Muskel) abhängig (Weineck, 2004a).

Die Kraftausdauer wird definiert als „Ermüdungswiderstandsfähigkeit bei statischen und dynamischen Krafteinsätzen" (Zimmermann et al., 2015). Die Ausdauer ist dann in Verbindung mit submaximalen bis mittleren Krafteinsätzen die leistungsbestimmende Funktion (Schnabel, 2011). Die **dynamische Kraftausdauer** ist die Fähigkeit des neuromuskulären Systems, eine bestimmte Wiederholungszahl von Krafteinsätzen innerhalb eines festgelegten Zeitraums möglichst wenig zu verringern (Zimmermann et al., 2015). Die **statische Kraftausdauer** bezieht sich auf die Fähigkeit, einen bestimmten Kraftwert über eine definierte Anspannungszeit ohne Spannungsverlust zu halten (Zimmermann et al., 2015). Die Kraftausdauer steht in engster Abhängigkeit zur Maximalkraft (Weineck, 2004b). Dabei gilt: Je größer die zu leistende Haltearbeit ist, desto mehr ist dies der Fall. Zusätzlich wird sie durch die verschiedene Stoffwechsel-Komponenten beeinflusst (anaerob-alaktazid, anaerob-laktazid, aerob-glykolytisch)

(Zimmermann et al., 2015).

Der Vollständigkeit halber wird die Schnellkraft hier beschrieben, auch wenn sie für das Verständnis dieser Arbeit nicht von großer Bedeutung ist. Die Schnellkraft ist die Fähigkeit des neuromuskulären Systems, „in der zur Verfügung stehenden Zeit einen möglichst großen Impuls zu erzeugen" (Zimmermann et al., 2015). Es wird differenziert zwischen dem Ziel, eine Bewegung in möglichst kurzer Zeit zu absolvieren, und ohne Zeitbegrenzung eine hohe Endgeschwindigkeit zu erreichen. Die Schnellkraft ist hauptsächlich wichtig in Sportarten und Bewegungen mit hohen Kraftanforderungen in kurzer Zeit. Beispiele dafür sind das Sprinten, Springen und Boxen sowie weitere Bewegungen mit dem Ziel, einen möglichst hohen Impuls zu erzeugen, wie beim Hammerwurf oder Kugelstoßen. Ihre Existenz als dritte der Krafthauptformen (Weineck, 2004b) soll als Abrundung des Gesamtbildes zur Kenntnis genommen werden. Ähnlich verhält es sich mit der Reaktivkraft, Explosivkraft, Startkraft, Schnellkraftausdauer sowie Maximalkraftausdauer als weitere Ausprägungen der Kraft und Mischformen als Ergebnis von Wechselbeziehungen zwischen den Hauptformen.

*Rumpfmuskelsysteme*

Es gibt verschiedene Arten von Rumpfmuskeln, die sich nach ihrer Funktion unterteilen. Demnach gibt es Muskeln, die für Stabilisation sorgen sowie Muskeln, die für Bewegung sorgen. Zusammen bilden sie eine Synergie, die für Stabilität der Wirbelsäule und damit des gesamten Rumpfes sorgt.

Es gibt zum einen die **globalen Stabilisatoren**, die für Bewegung sorgen und starke, von außen einwirkende Kräfte ausgleichen (Bergmark, 1989). Das globale Muskelsystem umfasst die großen, oberflächlichen Rumpfmuskeln, die keinen direkten Ansatz an den Wirbelkörpern haben und mehrere Segmente überspringen (Richardson et al., 2009). Beispiele sind der M. rectus abdominis, M. psoas major, M. erector spinae und der M. iliocostalis (Bergmark, 1989).

Davon unterscheiden wir die **lokalen Stabilisatoren**. Diese kleinen, tiefliegenden Muskeln, welche zwischen den lumbalen Wirbeln verlaufen, kontrollieren und stabilisieren diese Wirbelkörper (Richardson et al., 2009). Dazu zählen u. a. der M. transversus abdominis, die Mm. multifidii und, M. obliquus internus, M. quadratus lumborum sowie das Zwerchfell und der Beckenboden (Bergmark, 1989).

Beide Systeme sind für eine gesunde Wirbelsäulenkontrolle und -steuerung notwendig (Richardson, Hodges, & Hides, 2009). Es ist wichtig, dass die Systeme ausgeglichen und im Einklang arbeiten, um dynamische und gut stabilisierte Bewegungen zu ermöglichen, die die Gelenke schützen und Verletzungen vorbeugen.

Gerade eine Dysfunktion der lokalen Stabilisatoren kann mit lumbalen Rückenschmerzen zusammenhängen (Richardson et al., 2009).

Der M. transversus abdominis ist der am tiefsten liegende lokale Stabilisator. Er wird normalerweise schon kurz vor einer Bewegungsausführung aktiv (Richardson et al., 2009) und sorgt für Kontrolle und Stabilität der Wirbelsäule, um bei den folgenden Bewegungen eine gesunde Position zu wahren. Bei Menschen mit Rückenschmerzen funktioniert dieser sogenannte feed forward Mechanismus meist nicht (Hodges, Moseley, Gabrielsson, & Gandevia, 2003).

Der M. quadratus lumborum zählt nach McGill, Childs, & Liebenson (1999) ebenso zu den wichtigsten stabilisierenden Muskeln der Wirbelsäule.

Ein weiteres Beispiel ist der M. multifidus, welcher über die gesamte Länge der Wirbelsäule an dieser entlang verläuft und dessen einzelne Stränge jeweils 3 Wirbel untereinander verbinden. Insbesondere die lumbalen Anteile sind wichtige Stabilisierer der Lendenwirbel (Freeman, Woodham, & Woodham, 2010). Rückenschmerzpatienten weisen in rund 80% eine signifikante Korrelation zu einer Atrophie der lumbalen Musculi multifidi auf (Kader, Wardlaw, & Smith, 2000; Mallwork, Stanton, Freke, & Hides, 2009). Diese Rückbildung wird als Folge einer Dysfunktion gesehen. Durch eine Reflex-Hemmung durch afferentes Feedback von den Zwischenwirbelgelenken kommt es zu einer mangelhaften Ansteuerung (Indahl, Kaigle, Reikerås, & Holm, 1997; Mallwork et al., 2009).

### 2.1.2 Untersuchte Zusammenhänge bei unteren Rückenschmerzen

Es deutet vieles darauf hin, dass die Funktion der tiefliegenden, lokalen Muskulatur und ihrer mangelnde Ansteuerung und Stabilisierungsfunktion in Verbindung mit Rückeschmerzen steht. Welche Rolle spielen dabei die globalen Muskeln des Rumpfes?

*Rückenschmerzen und Zusammenhänge zur Kraft*

Zur Kraft der globalen Muskeln und Rückenschmerzen konnten Zusammenhänge nachgewiesen werden. Patienten mit LBP haben geringere Maximalkraftwerte der Flexoren sowie Extensoren des Rumpfes sowohl bei isometrischen (ohne Bewegung) und isokinetischen (Bewegung mit konstanter Geschwindigkeit und Wiederstand) Messungen (Bayramoğlu et al., 2001; Dvir & Keating, 2003; Gruther et al., 2009). Auch die Kraftausdauer (isometrisch/isokinetisch) ist bei Personen mit Rückenschmerzen im Lendenbereich nachweißlich geringer (Bayramoğlu et al., 2001; Gruther et al., 2009; Oddsson & De Luca, 2003).

Wenn Zusammenhänge beschrieben werden, heißt das nicht automatisch, dass auch eine Kausalität vorliegt. Es gibt meist weitere Faktoren, die die Wirkung begründen. Verschiedene Studien weisen nach, dass Rückenschmerzen bei Leistungssportlern bei vergleichsweise hohen Kraftwerten und Aktivitätslevels weit verbreitet sind (Mortazavi, Zebardast, & Mirzashahi, 2015; Udermann, Mayer, Graves, & Murray, 2003). Es müssen also noch weitere Faktoren eine Rolle spielen.

*Rückenschmerzen und Ansteuerung der Muskeln*

In einer Untersuchung von Borghuis, Hof, & Lemmink (2008) haben Menschen mit Rückenschmerzen eine schlechtere Ansteuerung der Rumpfmuskulatur. Zu diesen Ergebnissen kamen ebenfalls Hodges et al., (2003), die das wiederholte Auftreten von lumbalen Rückenschmerzen darauf zurückführen. Verschiedene weitere Autoren beschreiben Unterschiede bei Patienten mit Schmerzen im Bereich des unteren Rückens und der Ansteuerung ihrer Muskeln (Ershad, Kahrizi, Abadi, & Zadeh, 2009; Johnson, 2012; van Dieën, Cholewicki, & Radebold, 2003). Diese Sachlage wurde bereits in Kapitel 2.1.1 Rumpfmuskelsysteme an verschiedenen Beispielen dargelegt. Es stellt sich daher die naheliegende Frage, wie die Ansteuerung der Rumpfmuskulatur verbessert werden kann? Und kann Krafttraining die Ansteuerung der Rumpfmuskulatur steigern?

Der Theorie zufolge verbessert sich die Maximalkraft eines Muskels unter anderem dadurch, dass die vorhandenen Muskelfasern effektiver koordiniert und aktiviert, also angesteuert werden. Dies wird auch intramuskuläre Koordination genannt (Kapitel 2.1.1). Im Rückschluss sollte eine verbesserte Ansteuerung durch ein Training der Kraft möglich sein. Studien bestätigen, dass ein Training mit schweren Gewichten (> 70% des 1RM, high load Traiing) am effektivsten ist, um die Maximalkraft zu steigern. Dies ist in der Arbeit von Schoenfeld, Contreras, Willardson, Fontana, & Tiryaki-Sonmez (2014) dargestellt.

Ergebnisse von unter anderem Akima und Saito (2013) zeigen eine signifikant höhere Aktivierung großer Muskeln bei 70% 1RM (high-load exercise) gegenüber 20-50% (low-load exercise). Demnach ist Maximalkrafttraining effektiver als Kraftausdauertraining in Bezug auf eine Verbesserung der Muskelaktivierung. Schoenfeld et al. (2014) stellen durch die Ergebnisse ihrer Untersuchungen (an trainierten Männern) eindeutig heraus, das bei einem Training mit 30% des 1RM bis zum Muskelversagen die untersuchten Muskeln nicht maximal aktiviert werden.

In dem konkreten Kontext dieser Arbeit soll die Frage beantwortet werden, ob und wie genau Krafttraining präventiv wirksam ist zu Vermeidung von lumbalen Rückenschmerzen.

## 2.2 Fragestellung

Im vorherigen Abschnitt wurden Zusammenhänge bezüglich der Kraft und Rückenschmerzen dargelegt. Sowohl die Kraftausdauer, die Maximalkraft und außerdem die Ansteuerung der Rumpfmuskulatur ist bei Rückenschmerzpatienten herabgesetzt (vgl. Kapitel 2.1.2). Darauf begründet ist die Überlegung, dass eine Verbesserung dieser Parameter die Rückenschmerzen ebenfalls verbessert. Studienergebnisse sprechen dafür (Schmoll, Hahn, & Schwirtz, 2008; Sofi, Molino Lova, Nucida, Taviani, Benvenuti, Stuart, ... & Macchi, 2011). Dies führt zu der Frage, ob eine Erhaltung dieser Parameter das Auftreten von unteren Rückenschmerzen vorbeugt. Dazu soll insbesondere der Aspekt der Kraft untersucht werden. Ein Training der Kraft wiederum nimmt vermutlich Einfluss auf die Ansteuerungsfähigkeit, wobei vermutlich ein Training der Maximalkraft am effektivsten ist (vgl. Kapitel 2.1.2). Darüber hinaus soll versucht werden, welche Art des Krafttrainings in dem Falle eines positiven Zusammenhangs am geigentesten ist. Hanteltraining stellt eine Art der Krafttrainingsformen dar und soll exemplarisch im Dienst der Konkretisierung genauer betrachtet werden.

*Konkrete Fragestellungen:*
1. Ist Krafttraining wirksam zur Prävention von unteren Rückenschmerzen?
2. Kann eine Art des Krafttrainings präferiert werden in Bezug auf ihre präventive Wirksamkeit?
3. Bietet Hanteltraining Vorteile gegenüber anderen Krafttrainingsinterventionen in Bezug auf die Prävention von Rückenschmerzen?

Mögliche weitere Fragen:

4. Bietet ein Training der Maximalkraft Vorteile gegenüber dem Training der Kraftausdauer des Rumpfes?

## 3 METHODE

In diesem Abschnitt geht darum, die Suche nach geeigneter Literatur systematisch durchzuführen sowie diese nachvollziehbar zu dokumentieren. Das Vorgehen sollte in seiner Intention klar und reproduzierbar sein (Krause, Khan, & Antoch, 2015). Dafür müssen vorher Kriterien festgelegt und alle Schritte dokumentiert werden. Es sollten eindeutige Ein-und Ausschlusskriterien wie die Art und Qualität der Literatur (renommierte Fachzeitschriften, Bücher, sonst. Zeitschriften, Studien, Fachartikel, Kapitel, unveröffentlichte Werke, ...) der Zeitraum (z. B. nur Werke ab 2000), die Suchwörter, die Probanden sowie die Überlegung über die Notwendigkeit einer Kontrollgruppe dokumentiert werden (Psychologisches Institut, 2012).

Ebenfalls ist es wichtig festzuhalten, welche Datenbanken (Bibliothek, diverse Onlinedatenbanken) genutzt und welche Schlagwörter bei der Recherche verwendet wurden (Krause et al., 2015). Dazu gehört auch, die Anzahl der jeweils gefundenen Studien zu notieren und mithilfe der Ein-und Ausschlusskriterien das jeweilig weitere Vorgehen zu begründen (Psychologisches Institut, 2012).

Nach einem ersten Suchdurchlauf sollten gegebenenfalls die Kriterien angepasst werden, wenn sich beispielsweise weitere bedeutsame Begriffe herauskristallisieren oder es nicht genügend oder zu viele Studien mit den Begriffen gibt (Krause et al., 2015).

Auf dieser Grundlage wurde die Suche wie beschrieben durchgeführt, eingeschränkt und dokumentiert. Die Literatursuche fand im Oktober 2016 statt.

Die Literatursuche stellt nach der Themenfindung, Fragestellengeneration und Zielsetzung den ersten methodischen Schritt dar. Die Literatursuche wurde systematisch durchgeführt und ist im Folgen beschrieben.

### 3.1 Ein- Ausschlusskriterien

*Literatur:* Berücksichtigung veröffentlichter Artikel renommierter Fachzeitschriften, um die Qualität der Daten zu sichern. Die Quellen sollten nicht vor 2000 entstanden sein, um nicht auf veralteten Informationen aufzubauen.

*Probanden:* Vergleichbare Personen mit und ohne Rückenschmerzen im Lendenwirbelsäulenbereich. Männliche und weibliche Personen im Alter von 20-80 Jahren (Erwachsene). Eine Probandenanzahl mit n > 30 sichert die statistische Aussagekraft.

*Kontrollgruppe:* Da nachträgliche Befragungen betrachtet werden sollen, ist eine Kontrollgruppe hinfällig.

*Datenbanken:* PubMed, Cochrane Library (enthalten wichtigste Studien), Google Scholar.

*Literatursuche und Suchwörter:* Diese werden speziell im nächsten Kapitel beschrieben.

### 3.2 Vorgehen der Literatursuche und Auswertung

Zunächst wurde ein grundlegender Überblick über vorhandene Literatur geschaffen. In Verbindung mit dem Begriff „Prävention" und „prevention" erschien die Studienlage sehr dünn, weshalb bei der Suche allgemeiner Vorgegangen wurde. Es wurde zunächst entschieden, nur Fachliteratur aus Zeitschriften zu verwenden, daher wurde in PubMed und der Cochraine Library gesucht. Diese Entscheidung wurde bewusst getroffen, um qualitativ hochwertige Literatur zu erhalten, welche sich auf empirische Untersuchungen stützt und wissenschaftlichen Anforderungen genügt. Die Literatursuche wurde für die Zeiträume 2000-2016 durchgeführt und fand im Oktober 2016 statt. Es sollten möglichst aktuelle Artikel gefunden werden.

#### 3.2.1 PubMed

Die Datenbank PubMed bietet die Funktion, über sogenannte MaSH-Terms, auch Schlagwörter, eine Suche durchzuführen. Dadurch wird das Suchwort mit allen bei PubMed hinterlegten Synonymen automatisch in den Schlagwörtern gesucht. Jegliche Synonyme werden der Suche automatisch zugefügt. Man erhält als Ergebnis die Artikel, in denen die Suchbegriffe mit ihren jeweiligen Synonymen als Schlagwörter hinterlegt wurden. Damit kann die Suche auf die Artikel gelenkt werden, die sich auch vordergründig mit dem gewünschten Thema befassen.

Auf diese Weise wurde die Recherche durchgeführt mit den Schlagwörtern „Low back pain" AND „ resistance training". Weiterhin wurde die Suche auf „Artikel über Menschen" begrenzt.

*Suche:* „Low back pain AND „resistance training"  → 37 Treffer → 1 relevant
Es erschienen 37 Artikel, davon sind 10 frei zugänglich. Diese wurden als geeignet für eine genauere Begutachtung befunden.
Die Ergebnisse werden in Kapitel 4 dargestellt.

### 3.2.2 Cochraine Library

Eine ähnliche Suche wurde in der Cochraine Library durchgeführt. Auch hier konnten MeshTerms genutzt werden.

*Suche:* „Low Back Pain AND Training"  → 10 Treffer → 0 relevant
Die Suche ergab 10 Treffer, wovon kein Artikel als relevant erachtet werden konnte.

Da bisher insgesamt nur wenig Ergebnisse geliefert wurden, wurde die Suche auf Google Schoolar ausgeweitet und durch weitere Suchbegriffe ergänzt, da es hier nicht die Möglichkeit gibt, über MashTerms und Synonyme automatisch zu suchen. Es wurde versucht, weitere Forschungsarbeiten zu finden, die möglicherweise nicht in Fachzeitschriften veröffentlicht wurde. Dies wurde in dem Bewusstsein unternommen, möglicherweise qualitativ weniger wertvolle Arbeiten zu erhalten. Da in PubMed und Cochraine ohne den Begriff Prävention gearbeitet wurde, wurde dieser auch hier zunächst weggelassen und nur exemplarisch ausprobiert, um zu sehen, ob er für eine weitere Einschränkung hilfreich ist.

### 3.2.3 Google Scholar

*Suche: 2000-2016 englisch:*

| | |
|---|---|
| „resistance training AND low back pain" | → 21.600 Treffer |
| „strength training AND low back pain" | →17.800 Treffer |
| „barbell training AND low back pain" | →  1.850 Treffer |
| „resistance training AND low back pain AND prevention" | → 19.800 Treffer |
| „strength training AND low back pain AND prevention" | → 20.100 Treffer |
| „barbell training AND low back pain AND prevention" | →  2.070 Treffer |

Die Ergebnislage ist so groß, dass im Rahmen dieser Arbeit unmöglich alle Treffer hätten genauer betrachtet werden können, selbst nicht, wenn nur die Kernwörter „resistance training AND low back pain AND prevention" genutzt worden wären. Auch Präzisierungen wie „barbell traininig" oder brachten keine ausreichende Trefferbeschränkung. Auf weitere Synonyme wurde daher verzichtet.

Die Suche wurde daraufhin erneut mit deutschen Suchbegriffen durchgeführt.

*Suche 2000-2016 deutsch:*

"Krafttraining UND Kreuzschmerz" → 244 Treffer
"Krafttraining UND lumbaler Rückenschmerz" → 279 Treffer
"Krafttraining UND unterer Rückenschmerz" → 520 Treffer
"Krafttraining UND chronischer Kreuzschmerz" → 217 Treffer
"Krafttraining UND Kreuzschmerz UND Prävention„ → 174 Treffer

Hier kann als Fazit festgehalten werden, dass die Literatur und die Trefferlage trotz präziser werdender Begriffe nicht den gewünschten Kriterien entspricht. Bei der hohen Trefferanzahl schien es nicht zielführend, jeden Text genauer zu betrachten.

Daher wurde weiter eingegrenzt, indem der Zeitraum gekürzt und die Suchbegriffe weiter konkretisiert wurden.

*Suche 2006-2016 deutsch:*

"Hanteltraining UND Kreuzschmerz" →13 Treffer → 0 relevant
Hanteltraining UND Rückenschmerz → 53 Treffer → 5 relevant
Hanteltraining UND unterer Rückenschmerz → 25 Treffer → 2 relevant
Hanteltraining UND chronischer Rückenschmerz →34 Treffer → 0 relevant
Hanteltraining UND chronischer Kreuzschmerz →14 Treffer → 1 relevant
Hanteltraining UND lumbaler Rückenschmerz" →11 Treffer →0 relevant
Hanteltraining UND chronischer lumbaler Rückenschmerz →10 Treffer → 0 relevant
Hanteltraining UND chronischer unterer Rückenschmerz →18Treffer → 0 relevant
Hanteltraining UND chronischer unterer Rückenschmerz UND Prävention →15 T.→0 rel.

Diese Konkretisierung lieferte einige relevante Treffer. Die Trefferanzahlen ließen nun eine genauere Betrachtung zu. Die Ergebnisse werden in Kapitel 4 dargestellt. Beachtet werden sollte, dass die Suchbegriffe in der Reihenfolge eingegeben wurden, wie sie hier aufgelistet sind. Wenn ein relevanter Artikel entdeckt wurde, zählt er nur einmal mit in die Anzahl ein, und zwar bei der Suche, die zuerst auf ihn aufmerksam machte.

Um wieder zum Krafttraining und der Prävention zurück zu kehren, wurden diese Begriffe in Kombination mit konkreten Rückenschmerzen verwendet:

*Suche:* "Krafttraining UND unterer Rückenschmerz UND Prävention" →318 T. → 4 relev.

## 3.3 Literaturauswertung -verarbeitung

Nach der Literaturrecherche galt es nun, die als relevant betrachteten Quellen genauer zu analysieren. Die Studien aus PubMed wurden genauer betrachtet und in eine Tabelle überführt. Die Ergebnisse der Google Schoolar Suche wurden durch lesen der Überschriften und der Vorschau als relevant oder unrelevant sortiert. Meist waren es Bücher oder größere Textdokumente. Ergebnisse wurden als relevant eingestuft, wenn in der Auflistung der Suchergebnisse wenigstens zwei der genutzten Suchbegriffe erschienen und ersichtlich war, dass sie sich nicht auf einen andren Kontext bezogen. Wenn z. B. die Begriffe „Prävention" und „Rückenschmerzen" für ein Ergebnis in der Überschrift vorkam, aber gleichzeitig auch „Osteoporose", wurde der Text ausgeschlossen. Erst dann folge eine genauere Betrachtung der relevanten Ergebnisse.

# 4 Ergebnisse

In diesem Kapitel werden die Ergebnisse der Literaturrecherche vorgestellt. Da die Suchmaschinen den größten Unterschied in Bezug auf die Art der Ergebnisse darstellen, findet eine Differenzierung der Ergebnissee nach den Suchmaschinen statt.

## 4.1 Ergebnisse der Suche in PubMed

8 der 10 Studien erschienen als potentiell relevant und wurden neben dem Abstrakt auch vom Inhalt her genauer betrachtet. 5 dieser 8 Studien beziehen sich direkt auf eine Krafttrainingsintervention bei Patienten, die bereits Rückenschmerzen hatten. 2 davon wiederum vergleichen Variablen des Krafttrainings bei Rückenschmerzpatienten.

1 der Studien bezieht sich auf das Risiko, an lumbalen Rückenschmerzen zu erkranken (Sandler, Sui, Church, Fritz, Beattie & Blair, 2014). Sie ist damit die Studie, die für dieses hier in der Arbeit behandelte Thema als einzige den Einschlusskriterien entspricht. Es wurde untersucht, ob Muskelkräftigung und Beweglichkeitstraining bei Büroangestellten das Risiko vermindern, LBP zu bekommen. Durch eine nachträgliche Befragung wurde analysiert, ob die Personen, die LBP entwickelt haben, vorher ein Training durchgeführt haben und ob es Unterschiede gibt zu denen, die kein LBP bekommen haben. Es wurden 4610 Personen befragt, darunter 17% Frauen. Dabei wurde gefragt, ob und welche Kräftigungsprogramme durchgeführt wurden. Es wurde zwischen „Calisthenics"(Körpergewichts-Übungen), „Free Weights" (freie Gewichte), „Weight Trainings Machines" (Kraftmaschinen) und „Other" (Andere) unterschieden. Zusätzlich wurde nach Maßnahmen zur Beweglichkeitsverbesserung gefragt, was hier nicht im Vordergrund stehen soll.

*Ergebnis:*

Berichtete Kräftigungsaktivitäten „Calisthenics" und „Free Weights" konnten nicht mit dem Auftreten von LBP in Zusammenhang gebracht werden. Hingegen konnte ein höheres Risiko für LBP bei den Personen entdeckt werden, die „Weight Trainings Machines" oder „Others" angegeben haben.

### 4.2 Ergebnisse der Suche in Google Schoolar

Die Ergebnisse dieser Suche stellen keine Erkenntnisse aus Studien dar. Es sind Aussagen, die der jeweilige Autor getroffen hat. Fast immer fehlt dazu eine Beweis oder zumindest eine Quellenangabe, vorauf sich die Behauptung stützt.

Dieser Abschnitt zeigt vielmehr, wie das Krafttraining bzw. das Hanteltraining insgesamt in Zusammenhang mit Rückenschmerzen in der deutschsprachigen Literatur gesehen wird. Es wurde dabei versucht, den Aspekt der Prävention hervorzuheben. Wie wirksam ist Krafttraining/Hanteltraining in der Prävention von lumbalen Rückenschmerzen?

*Ergebnisse:*

Caimi schreibt, dass groß angelegte Studien aufzeigen konnten, dass über 4/5 der Rückenpatienten mit chronischen Beschwerden eine deutlich zu schwache Rückenmuskulatur, im Vergleich mit gesunden Kontrollpersonen gleichen Alters und Geschlechts, aufweisen (Caimi, 2012). Er erklärt, daraus folge eine Instabilität der Wirbelsäule, was wiederum Gelenkstress für die Wirbelgelenke bedeutet, zu Blockaden führt, eine Abnutzung verursacht und Bandscheibenvorfälle und Schmerzen mit sich bringen kann.

Krafttraining kann genutzt werden, um Rückenschmerzen vorzubeugen (Mießner, 2012)

Reuter (2013) nennt Wasser als sehr wichtig, um Rückenschmerzen vorzubeugen. Nach ihrer Aussage hilft Wasser den Bandscheiben, als stoßdämpfende Wasserkissen zu funktionieren sowie als Hauptgleitmittel in den Gelenkspalten, Arthritis und Rückenschmerzen zu verhindern. Die Autorin nennt ebenfalls gymnastisches Krafttraining zur Stabilisierung des Rückens und damit als gleichbedeutend mit weniger oder keinen Rückenschmerzen.

Pauls (2014)berichtet in seinem Buch, dass Rückenschmerzen oft die Folge eines komplexen Geschehens ist, wobei eine funktionsgestörte Muskulatur eine wichtige Rolle spielt. Dabei sei nicht allein die Kraft des Muskels entscheidend. Allerdings sei es maßgebend, die Muskulatur bezüglich ihrer Spannung zu regulieren, den Stoffwechsel darin anzuregen und die intramuskuläre Koordination (im Muskel) zu verbessern. All dies könne durch ein Krafttraining erreicht werden und wirke sich zudem positiv auf degenerative Veränderungen in betroffenen Gelenkstrukturen aus. Pauls hebt die spezielle Rolle verschiedener Rumpfstabilisierender Muskeln hervor, insbesondere des Mm. Multifidi und des M. transversus.

Werner Kieser, Begründer der gleichnamigen Studiokette, postuliert, dass die einzig wirksame Maßnahme zur Vorbeugung von Rückenschmerzen spezifisches Krafttraining sei (Kieser, 2016).

In seinem Buch über die Dorn-Methode beschreibt Matthias Schwarz (2007), dass eine schwache Muskulatur mit die häufigste Ursache für Rückenschmerzen darstellt.

Till Sukopp (2014)schreibt in seinem Buch über Kugelhanteln, dass wissenschaftliche Untersuchungen gezeigt hätten, Menschen mit einer erhöhten Kraftausdauer der Muskeln im Lendenwirbelsäulenbereich würden weniger Rückenschmerzen bekommen gegenüber solchen, die eine ausgeprägte Maximalkraft aufweisen. Er empfiehlt daher aus präventiven Gründen ein Kettlebell-Training zur Verbesserung der Kraftausdauer des Rumpfes. Weiterhin beschreibt er einen Zusammenhang zwischen Rückenschmerzen und der Ansteuerungsfähigkeit der Gesäßmuskulatur, welche wichtig sei für eine korrekte Hüftbewegung. Defizite in den Bereichen führen seiner Ansicht nach zu Beschwerden des Rückens.

Jede Art von Bewegung, die der Ausbildung muskulärer Stabilität und Ausdauerfähigkeit dient, kann grundsätzlich der Prävention von Rückenerkrankungen dienen (Bauknecht et al., 2009). Diese Autoren zählen auch ein spezifisches Krafttraining an Geräten dazu sowie freie gymnastische Übungen.

DeStefano, Kelly, & Hooper (2011) berichten in ihrem Buch unter anderem über muskuläre Dysbalancen, die Rückenschmerzen verursachen können. Wenn z. B. der Lenden-Darmbeinmuskel (M. iliopsoas), welcher normalerweise sehr kräftig ist und die Hüfte beugt, verkürzt ist, kann er die Wirbelsäule im Lendenbereich nach vorne ziehen. Daraufhin müssten Rückenstrecker und Rumpfmuskulatur sich besonders anstrengen, die Wirbelsäule in einer neutralen Position zu wahren, was Schmerzen und Verkrampfungen mit sich bringen kann, die auch in die Umgebung ausstrahlen. Als weitere Ursachen für Rückenschmerzen zählen die Autoren Abnutzungserscheinungen der Wirbelgelenke und Bandscheiben, gereizte Nerven, Verspannungen auf Grund von Stress sowie Verspannungen auf Grund von Schon-, Fehl- und einseitigen Haltungen.

Denner (2013) schreibt über die Korrelationen zwischen Beschwerdebild und Dekonditionierung und dem Nachweis, dass wirbelsäulenstabilisierende Muskeln eine potentielle biologische Komponente des Rückenschmerzes ist. Es sollten Methoden genutzt werden, um die wirbelsäulenstabilisierende Muskulatur zu quantifizieren und zu optimieren.

Krafttraining verbessert die Haltung, weil der Körper aufgerichtet und die Wirbelsäule stabilisiert wird. Laut Aussage der Autoren Regelin, Winkler, Nieder, & Brach, (2016) können Rückenschmerzen so verhindert oder verringert werden.

Krafttraining dient vorbeugend gegen Rückenbeschwerden, Haltungsschwächen, Osteoporose, arthrotische Veränderungen, muskuläre Dysbalancen (Schwichtenberg & Jordan, 2012).

Schmoll et al. (2008) fanden in ihrer Studie mit chronischen Rückenschmerzpatienten heraus, dass Krafttraining (Gruppe a) sowie Schlingentraining (Gruppe b) bedeutende Kraftzuwächse des Rumpfes bewirkt sowie weniger Rückenschmerzen. Beide Gruppen hatten 6 Wochen mit je 2 Trainingseinheiten pro Woche trainiert. Darüber hinaus hatte Gruppe b signifikante Verbesserungen in der Stabilisationsfähigkeit des Rumpfes entwickelt.

# 5 Diskussion

## 5.1 Beantwortung der Fragestellungen

Den dargestellten Ergebnissen sowohl der PubMed - Suche sowie der Soogle Schoolar - Suche zufolge kann gesagt werden, dass
1. Ein Krafttraining wirksam ist zur Prävention von Rückenschmerzen (vgl. 4.1, 4.2)
2. Ein Krafttraining anhand von freien Körpergewichtsübungen sowie mit freien Gewichten präferiert werden kann in Bezug auf ihre präventive Wirksamkeit bei Rückenschmerzen (vgl. 4.1)
3. Ein Hanteltraining (Training mit freien Gewichten) Vorteile gegenüber anderen Krafttrainingsinterventionen (Kraftmaschinen) in Bezug auf die Prävention von Rückenschmerzen bietet (vgl. 4.1).
4. Nach aktueller Studienlage weder ein Training der Maximalkraft noch ein Training der Kraftausdauer des Rumpfes dem jeweils anderen vorgezogen werden sollte.

## 5.2 Zu den Ergebnissen der Suche in PubMed

Die relevante Studie stellt klar heraus, dass das Training mit freien Gewichten und dem eigenen Körpergewicht das Risiko senkt, LBP zu bekommen. Ein weiteres Ergebnis ist, dass ein Training an Kraftmaschinen das Risiko erhöht, LBP zu bekommen, im Vergleich zu Personen, die keine Kräftigung durchführen oder ein Training mit freien Gewichten oder dem eigenen Körpergewicht. Es muss also ganz klar differenziert werden zwischen verschiedenen Krafttrainingsmaßnahmen.

Des Weiteren stellt sich die Frage, warum manche Menschen der Büroangestellten ein Training durchführten und manche nicht? Vielleicht war vorher schon eine Tendenz zu Rückenschmerzen aufgetreten, woraufhin sich diese Personen dazu entschieden, ein Training zu beginnen. Vielleicht waren das auch die Personen, die sich eher für ein Training an Kraftmaschinen entschieden als vermeintlich „sichereres" Training? Das geht leider aus der Studie nicht hervor, jedoch sollten sich solche Fragen gestellt werden.

Um das Ergebnis, dass freie Übungen (Training mit freien Gewichten und dem eigenen

Körpergewicht) das Risiko für LBP minimieren, zu unterstreichen, kann eine Studie aufgezeigt werden zu Aktivität der Rumpfmuskeln (Kang, Jung, & Yu, 2012). Die Autoren fanden heraus, dass ein Training auf instabilen Untergründen die Aktivität der globalen sowie lokalen Rumpfmuskeln gegenüber einen Training auf stabilem Untergrund signifikant verbessert. Geht man davon aus, dass ein Training an Krafttrainingsmaschinen auf stabilem Untergrund stattfindet, und freie Übungen tendenziell instabiler sind, wird bei den freien Übungen die Aktivität der Rumpfmuskeln stärker verbessert. Dies könnte den präventiven Effekt erklären.

An der Untersuchung von Sandler et al. (2014) nahmen nur 17% Frauen teil. Daher bezieht sich das Ergebnis grundsätzlich hauptsächlich auf Männer. Unter dem Aspekt, dass mehr Frauen als Männer an Rückenschmerzen erkranken (Martin & Ziese, 2004), ist dies insbesondere mit Vorsicht zu genießen. Theoretisch wäre es denkbar, dass bei den Frauen ein Zusammenhang des Trainings mit freien Gewichten zu Rückenschmerzen erkannt worden wäre, da der Zusammenhang von Frauen zu Rückenschmerzen auch größer ist gegenüber Männern. Ein Geschlechterunterschied hinsichtlich der Prävention müsste zukünftig genauer untersucht werden.

### 5.3 Zu den Ergebnissen der Suche in Google Schloolar

Die Ergebnisse der Suche in Google Schloolar besagen ohne Ausnahme, dass Krafttraining hilfreich ist in der Prävention von Rückenschmerzen.

Rückenschmerzen sind dabei meist sehr allgemein gehalten und beziehen sich weder auf den Prozess der Chronifizierung oder ob chronische Schmerzen gemeint sind oder nicht. Eine Studie im Zusammenhang mit chronischen Rückenschmerzen versuchte den Prozess der Chronifizierung zu ergründen (Thieme, 2012). Sie kamen zu dem Ergebnis, dass das Gehirn chronischer Schmerzpatienten den Schmerz unter Umständen nicht korrekt bewertet hat und ein Verlust an grauer Hirnsubstanz (Regionen für emotionale Bewertungen) vorliegt. In der Folge seien die Schmerzen vermutlich erlernt und gefestigt worden.

Es ist auch meist nicht genauer Definiert, ob unspezifische Rückenschmerzen gemeint werden, also Schmerzen, deren Ursache unklar ist, oder Rückenschmerzen gemeint sind, denen ein klarer Grund zugeordnet werden kann wie z.B. Bandscheibenvorfälle. Darin könnte man noch genauer Differenzieren. Man könnte der Frage nachgehen, ob durch Krafttraining z.B. Verspannungen oder Bandscheibenvorfälle verhindert werden können. Diese bewirken dann meist wiederum Rückenschmerzen.

Die Aussagen der genannten Autoren beruhen nicht auf empirischen Datenerhebungen, sondern sind vielmehr Ausdruck ihrer allgemeinen Wissens. Das heißt nicht, dass sie deswegen Wertlos sind, sondern unterstreicht vielmehr, dass in der Literatur allgemeiner Konsens darüber besteht, dass Krafttraining in der Prävention von Rückenschmerzen allgemein anerkannt und als wirksam erachtet wird.

## 5.4 Allgemeine Limitationen

In Kapitel 2.1.1 wurde ein Überblick über die Rumpfmuskelsysteme gegeben. Die globalen Muskeln können abgegrenzt werden zu den lokalen Muskeln des Rumpfes. Es wurde herausgestellt, dass beide Systeme wichtig sind für einen stabilen, funktionierenden Rumpf. Insbesondere eine mangelnde Funktionstüchtigkeit der lokalen Muskeln wie des M. transversus abdominis, M. quadratus lumborum M. multifidus aufgrund von mangelnder Ansteuerung, Stabilität und Kontrolle werden in Zusammenhang zu Rückenschmerzen gebracht (Freeman et al., 2010; Hodges et al., 2003; McGill et al., 1999). Wenn man davon ausgeht, dass man mit freien Körpergewichtsübungen auf Grund der Instabilität diese Ansteuerung und Stabilität der lokalen Muskeln gezielter trainieren kann, kann man hier das Ergebnis der Studie von Sandler et al. (2014) als passen einordnen. Freie Übungen, ob nun mit Gewichten oder dem eigenen Körper, führen möglicherweise zu einer verbesserten Stabilität des Rumpfes und sind daher effektiv in der Prävention von Rückenschmerzen.

Die Ergebnisse der PubMed - Suche stützen sich allein auf Texte, die frei zugänglich sind. Betrachtet man darüber hinaus auch die Artikel, auf die hier kein Zugriff erfolgen konnte, werden vermutlich weitere relevante Studien gefunden. Dies sollte im Hinterkopf beim Lesen dieser Arbeit gehalten werden. Es wäre wünschenswert, zukünftig auch einen Überblick über die nicht frei zugänglichen Studien zu erhalten. Dieses hier vorgelegte Ergebnis kann exemplarisch zu dem behandelten Thema im Rahmen der dafür zu fertigen Studienarbeit gesehen werden.

In einem Systematisches Review über die Zusammenhänge zwischen körperlicher Kapazitäten und zukünftigen Rückenschmerzen kamen die Autoren zu dem Schluss, dass kein Zusammenhang zwischen der Rumpfkraftausdauer und dem Risiko für LBP besteht (Hamberg-van Reenen, Ariëns, Blatter, van Mechelen, & Bongers, 2007). Für Zusammenhänge zwischen der Rumpfmuskelkraft und LBP konnten nur wenig beweiskräftige Evidenz gefunden werden (Hamberg-van Reenen et al., 2007). Dies steht im Gegensatz zu den hier dargestellten Ergebnissen. Auf Grund der Heterogenität sollten die Ergebnisse eines systematischen Reviews mit Vorsicht interpretiert werden, dies gilt sowohl für das hier erstellt sowie das, auf welches eben Bezug genommen wurde.

Es wurde leider keine Studie gefunden, die genau untersucht hat, welche Krafttrainingsmaßnahme in Bezug auf ihre Häufigkeit, Intensität und Dauer welchen Effekt haben. Es kann aktuell noch nicht genau gesagt werden, wie ein Hanteltraining durchgeführt werden sollte, um bestmöglich präventiv zu wirken. Wie effektiv ist ein Training der Kraftausdauer im Vergleich mit einem Training der Maximalkraft? Wenn ein freies Körpergewichtstraining durchgeführt wird, ist dann ein dynamisches Training einem statischen Training vorzuziehen? Um diesbezüglich genauere Empfehlungen geben zu können, müssten zukünftig weitere Studien durchgeführt werden.

## 5.5 Parallelen zur Rehabilitation

Es wurde viel geforscht über die Rehabilitation von Rückenschmerzen.

Holmberg, Crantz, & Michaelson, (2012) empfehlen ihren Forschungen folgend ein Krafttraining an der Langhantel bei LBP, ganz speziell den sogenannten Deadlift (Kreuzheben), um die Schmerzen erfolgreich in den Griff zu bekommen.

Suni, Rinne, Natri, Statistisian, Parkkari, & Alaranta, (2006) konnten durch neuromuskuläres Training/ Training zur Verbesserung der lumbalen Kontrolle die Stabilität in den Lendenwirbeln verbessern und dadurch eine deutliche Schmerzlinderung erreichen.

Studienergebnisse von Mohokum & Marnitz (2014) rechtfertigen ebenfalls ein Training der Tiefenmuskulatur (M. transversus abdominis, Mm. multifidi) bei LBP. Freeman et al. (2010) gehen sogar durch ihren Studie begründet soweit, dass sie empfehlen, eine Stabilisierungstherapie der Mm. multifidi sei effektiver als eine reine Kräftigungstherapie alleine (weniger Schmerz, Medikamenten, Wiederauftreten). Zu dem gleichen Schluss kommt auch Schmoll et al. (2008), die ein kombiniertes Training der Kraft und der Stabilität mit Hilfe von Schlingentraining empfehlen.

Lee, Hoshino, Nakamura, Kariya, Saita, & Ito (1999) weisen nach, dass Schmerzpatienten größere Unterschiede zwischen Kraft der Rumpfextension und –flexion haben und empfehlen ein ausgewogenes Verhältnis der Rumpfmuskeln, sowohl in der Rehabilitation als auch in der Prävention.

Bei einer Überprüfung eines multimodalen Behandlungskonzepts bei Rückenschmerzen von Heinrich, Hafenbrack, Michel, Monstadt, Marnitz, & Klinger, (2011) stellte sich heraus, dass für einen Therapieerfolg in einzelnen Parametern neben schmerzbezogenen Variablen das Ausmaß der Depressivität und der Body-Mass-Index (BMI) Entscheidend sind.

Wenn man annimmt, dass eine Veränderung der Variablen, die bei einer Therapie bei bereits vorhandenen Problemen helfen, auch dafür verantwortlich sind, dass diese Probleme erst entstanden sind, kann man ebendiese Variablen bereits im Vorfeld positiv beeinflussen in der Hoffnung, dass die Probleme dadurch erst gar nicht entstehen. Demzufolge kann man auf Grund der Rehabilitationsempfehlungen auch im Sinne der Prävention sagen, dass ein neuromuskuläres bzw. Training zur Verbesserung der Stabilität empfohlen werden kann, dass die lokalen Muskeln in Kombination mit den globalen trainiert werden sollen und dass darauf geachtet werden müsste, Muskeldysbalancen der Rumpfmuskulatur vorzubeugen. Weiter Risikofaktoren, die über die körperliche Trainierbarkeit hinausgehen, sollten ebenfalls beachtet werden.

## 5.6 Multimodale Therapien und Ursachen

Wenn ein Krafttraining durchgeführt wird als Prävention von Rückenschmerzen, muss berücksichtigt werden, dass auch andere Faktoren mit einspielen können, die zu derartigen

Schmerzen führen können.

Zur Behandlung von unspezifischen Rückenschmerzen gibt es sehr vielseitige Empfehlungen. Ein gutes Beispiel dafür ist die „nationale Versorgungsleitlinie Kreuzschmerz" (Bundesärztekammer (BÄK), Kassenärztliche Bundesvereinigung (KBV), & Arbeitsgemeinschaft der Wissenschaftlichen Medizinischen Fachgesellschaften (AWMF), 2010). Demnach können mit verschiedenen Behandlungen ähnlich gute Verbesserungen erzielt werden. Als förderliche Therapien gelten sowohl Bewegungs- und Sporttherapien als auch Entspannungsverfahren, Ergotherapie, Massagen, manuelle Therapien und Wärmetherapie. Die Leitlinien und Empfehlungen sind sehr allgemein und unspezifisch gehalten (Golob & Wipf, 2014). Rückenschmerzen können durch den Einsatz verschiedenster Mittel reduziert werden, ohne dass dabei die Kraft im Vordergrund steht (Morschitzky, 2007).

Wenn ein Krafttraining als Prävention von Rückenschmerzen durchgeführt wird, muss berücksichtigt werden, dass auch andere Faktoren mit einspielen können, die Rückenschmerzen verursachen. Dazu gehören: Das Alter und das Geschlecht, die Art der regelmäßigen Tätigkeiten (am geringsten sind die Beschwerden bei Tätigkeiten mit wechselndem stehen, sitzen und sich bewegen), Bildung und Einkommen (je höher der Schulabschluss und das Einkommen, desto geringer die Schmerzen und die Auftretenshäufigkeit), sozialer Status und Unterstützung (je höher der Status, die Unterstützung durch Familie/Freunde, je geringer Alltagsprobleme, desto weniger stark und häufig treten Rückenschmerzen auf), das Körpergewicht, die Ernährung, Alkohol, Rauchen sowie Stress (Denner, 2013).

Daher kann man nicht die eine Präventionsmaßnahme durchführen. Man müsste z. B. Entspannungstraining durchführen, um den Risikofaktor Stress zu reduzieren, und man müsste mit dem Rauche aufhören, um dem Risiko durch Nikotinkonsum zu entgehen. Führt man Krafttraining als Präventionsmaßnahme durch, kann man dadurch gezielte Risikofaktoren minimieren. Das bedeutet, dass andere Risikofaktoren, die nicht ausgeschaltet wurden, weiterhin wirken können.

## 5.7 Fazit

Abgesehen von den besagten Einschränkungen und Limitationen kann man als Konsens der Literaturergebnisse und als Fazit dieser Arbeit festhalten, dass ein Krafttraining das Risiko sehr wahrscheinlich senkt, an Rückeschmerzen zu erkranken. Dafür sprechen das Ergebnis mindestens einer Studie und viele weitere Aussagen in der Literatur (vgl. Kapitel 4.1 und 4.2). Besonders hervorzuheben sind dabei Übungen mit freien Gewichten sowie mit dem eigenen Körpergewicht im Sinne der Stabilisation des Rumpfes. Untermauert werden kann dies mit Studienergebnissen, die positive Zusammenhänge zwischen einem Mangel an Kraft der lokalen sowie globalen Muskeln und Rückenschmerzen herausgefunden haben (vgl. Kapitel 2.1.2, 5.5). Bei einer Prävention sollte nicht vergessen werden, dass es immer mehrere mögliche Ursachen gibt. Weitere Studienergebnisse, die sich auf die genauere Art und Weise des Krafttrainings beziehen und sich darüber hinaus noch mit möglichen Alters- und Geschlechterspezifischen Unterschieden befassen, wären wünschenswert.

# 6 Literaturverzeichnis

Akima, H., & Saito, A. (2013). Activation of quadriceps femoris including vastus intermedius during fatiguing dynamic knee extensions. *European Journal of Applied Physiology*, *133*(11), 2829–2840.

Banzer, W., Knoll, M., & Bös, K. (1998). Sportliche Aktivität und physische Gesundheit. In K. Bös & K. Brehm (Hrsg.), *Gesundheitssport*, S.17-22. Schorndorf: Hofmann.

Bauknecht, M., Braun, B., & Müller, R. (2009). *GEK-Bandscheiben-Report: Versorgungsforschung mit GEK-Routinedaten*. Sankt Augustin: Asgard.

Bayramoğlu, M., Akman, M., Klnç, Ş., Çetin, N., Yavuz, N., & Özker, R. (2001). Isokinetic Measurement of Trunk Muscle Strength in Women with Chronic Low-Back Pain. *American Journal of Physical Medicine & Rehabilitation*, *88*(9), 650–655.

Bergmark, A. (1989). Stability of the lumbar spine. A study in mechanical engineering. *Acta Orthopaedica Scandinavica. Supplementum*, *60*(230), 1–54.

Bernateck, M., Sabatowski, R., Karst, M., & Siebrecht, D. (2014). *Schmerzmedizin - 1000 Fragen*. Stuttgart: Georg Thieme.

Borghuis, J., Hof, A. L., & Lemmink, K. A. P. M. (2008). The importance of sensory-motor control in providing core stability: implications for measurement and training. *Sports Medicine*, *38*(11), 893–916.

Bosscher, H. A., & Heavner, J. E. (2015). Treatment of Common Low Back Pain: A New Approach to an Old Problem. *Pain Practice: The Official Journal of World Institute of Pain*, *15*(6), 509–517.

Bundesärztekammer (BÄK), Kassenärztliche Bundesvereinigung (KBV), & Arbeitsgemeinschaft der Wissenschaftlichen Medizinischen Fachgesellschaften (AWMF). (2010). *Nationale Versorgungsleitlinie Kreuzschmerz- Kurzfassung*. Retrieved 7 October 2015, from http://www.awmf.org/uploads/tx_szleitlinien/nvl-007l_S3_Kreuzschmerz_2013-08.pdf

Caimi, M. (2012). *Die Banalität der Kraft: schonen wir uns zu Tode?* Berlin: Pro BUSINESS.

Denner, A. (2013). *Analyse und Training der wirbelsäulenstabilisierenden Muskulatur*. Berlin: Springer.

DeStefano, R., Kelly, B., & Hooper, J. (2011). *Gesunde Muskeln - gesunder Körper*. München: Goldmann.

Dvir, Z., & Keating, J. (2003). Trunk extension effort in patients with chronic low back dysfunction. *Spine*, *28*(7), 685–692.

Ershad, N., Kahrizi, S., Abadi, M. F., & Zadeh, S. F. (2009). Evaluation of trunk muscle activity in chronic low back pain patients and healthy individuals during holding loads. *Journal of Back and Musculoskeletal Rehabilitation*, *22*(3), 165–172.

Freeman, M. D., Woodham, M. A., & Woodham, A. W. (2010). The Role of the Lumbar Multifidus in Chronic Low Back Pain: A Review. *PM&R, 2*(2), 142–146.

Golob, A. L., & Wipf, J. E. (2014). Low back pain. *The Medical Clinics of North America, 98*(3), 405–428.

Gruther, W., Wick, F., Paul, B., Leitner, C., Posch, M., Matzner, M., ... Ebenbichler, G. (2009). Diagnostic accuracy and reliability of muscle strength and endurance measurements in patients with chronic low back pain. *Journal of Rehabilitation Medicine, 41*(8), 613–619.

Hamberg-van Reenen, H. H., Ariëns, G. A. M., Blatter, B. M., van Mechelen, W., & Bongers, P. M. (2007). A systematic review of the relation between physical capacity and future low back and neck/shoulder pain. *Pain, 130*(1–2), 93–107.

Heinrich, M., Hafenbrack, K., Michel, C., Monstadt, D., Marnitz, U., & Klinger, R. (2011). Vorhersage verschiedener Erfolgsmaße in der Behandlung chronischer Rückenschmerzen: Schmerzintensität, Beeinträchtigung und Funktionskapazität: Determinanten des Behandlungserfolges in einem tagesklinischen multimodalen Setting. *Der Schmerz, 25*(3), 282–289.

Hodges, P. W., Moseley, G. L., Gabrielsson, A., & Gandevia, S. C. (2003). Experimental muscle pain changes feedforward postural responses of the trunk muscles. *Experimental Brain Research, 151*(2), 262–271.

Holmberg, D., Crantz, H., & Michaelson, P. (2012). Treating persistent low back pain with deadlift training – A single subject experimental design with a 15-month follow-up. *Advances in Physiotherapy, 14*(2), 61–70. https://doi.org/10.3109/14038196.2012.674973

Indahl, A., Kaigle, A. M., Reikerås, O., & Holm, S. . (1997). Interaction between the porcine lumbar intervertebral disc, zygapophyseal joints, and paraspinal muscles. *Spine, 22(24)*, 2834–2840.

ISEG. (2008). *GEK-Report-ambulant-aerztliche-Versorgung*. Retrieved 10 May 2015, from http://www.barmer-gek.de/barmer/web/Portale/Presseportal/Subportal/Presseinformationen/Archiv/2009/09 0115-GEK-Report-ambulant-aertzliche-Versorgung/PDF-GEK-Report-ambulant-aerztliche-Versorgung,property=Data.pdf

Johnson, J. (2012). *Functional Rehabilitation of Low Back Pain With Core Stabilizations Exercises: Suggestions for Exercises and Progressions in Athletes*. Masterthesis, Utah State University, Old Main Hill.

Kader, D. F., Wardlaw, D., & Smith, F. W. (2000). Correlation Between the MRI Changes in the Lumbar Multifidus Muscles and Leg Pain. *Clinical Radiology, 55*(2), 145–149.

Kang, H., Jung, J., & Yu, J. (2012). *Comparison of trunk muscle activity during bridging exercises using a sling in patients with low back pain* (Vol. 11). Vienna: Springer.

Kieser, W. (2016). *Ein starker Körper kennt keinen Schmerz: Gesundheitsorientiertes Krafttraining nach der Kieser-Methode*. München: Heyne.

Krause, B. J., Khan, C., & Antoch, G. (2015). How to write a good clinical review? *Nuklearmedizin, 54*(2), 69–74.

Lee, J. H., Hoshino, Y., Nakamura, K., Kariya, Y., Saita, K., & Ito, K. (1999). Trunk muscle weakness as a risk factor for low back pain. A 5-year prospective study. *Spine, 24*(1), 54–57.

Mallwork, T. L., Stanton, W., Freke, M., & Hides, J. (2009). The effect of chronic low back pain on size and contraction of the lumbar multifidus muscle. *Manual Therapy, 14*(5), 496–500.

Martin, K., & Ziese, T. (2004). *Telefonischer Gesundheitssurvey des Robert Koch-Instituts zu chronischen Krankheiten und ihren Bedingungen*. Berlin: Robert Koch-Institut.

McGill, S. M., Childs, A., & Liebenson, C. (1999). Endurance Times for Low Back Stabilization Exercises: Clinical Targets for Testing and Training From a Normal Database. *American Academy of Physical Medicine and Rehabilitation*, (80), 941–944.

Merskey, H., & Bogduk, N. (Eds.). (1994). *Classification of chronic pain: descriptions of chronic pain syndromes and definitions of pain terms* (2nd ed). Seattle: IASP Press.

Mießner, W. (2012). *Richtig Krafttraining: Grundlagen und Programme*. München: BLV.

Mohokum, M., & Marnitz, U. (2014). Training der Tiefenmuskulatur im Rahmen der multimodalen Schmerztherapie. *Manuelle Medizin, 52*(2), 151–154. https://doi.org/10.1007/s00337-014-1092-6

Morschitzky, H. (2007). *Somatoforme Störungen : Diagnostik, Konzepte und Therapie bei Körpersymptomen Ohne Organbefund* (2nd ed.). Wien: Springer.

Mortazavi, J., Zebardast, J., & Mirzashahi, B. (2015). Low Back Pain in Athletes. *Asian Journal of Sports Medicine, 6*(2).

Oddsson, L. I. E., & De Luca, C. J. (2003). Activation imbalances in lumbar spine muscles in the presence of chronic low back pain. *Journal of Applied Physiology, 94*(4), 1410–1420.

Pauls, J. (2014). *Das große Buch vom Krafttraining*. München: Copress.

Psychologisches Institut. (2012). *Gliederung für systematische Reviews*. Retrieved 4 October 2016, from https://www.blogs.uni-mainz.de/fb02-psych-bildung/files/2015/06/lit_arbeit.pdf

Raspe, H. (2012). *Themenheft 53' Rückenschmerzen'*. Retrieved 5 October 2015, from https://www.rki.de/DE/Content/Gesundheitsmonitoring/Gesundheitsberichterstattung/GBEDownloadsT/rueckenschmerzen.pdf?__blob=publicationFile

Regelin, P., Winkler, J., Nieder, F., & Brach, M. (2016). *Fit bis ins hohe Alter: Eine Kurskonzeption zur Erhaltung von Selbstständigkeit und Verhütung von Stürzen im Alter*. Aachen: Meyer & Meyer.

Reuter, C. (2013). *12 Wege zum gesunden Leben*. Reutlingen: Reuter.

Richardson, C., Hodges, P., & Hides, J. (2009). *Segmentale Stabilisation im LWS- und Beckenbereich* (1st ed.). München: Urban&Fischer.

Sandler, R. D., Sui, X., Church, T. S., Fritz, S. L., Beattie, P. F., & Blair, S. N. (2014). Are flexibility and muscle-strengthening activities associated with a higher risk of developing low back pain? *Journal of Science and Medicine in Sport, 17*(4), 361–365.

Schmoll, S., Hahn, S., & Schwirtz, A. (2008). Die Behandlung von chronischem LWS-Schmerz mithilfe des S-E-T-Konzept (Sling-Exercise-Therapy). *Bewequnqstherapie Und Gesundheitssport*, (24), 52–59.

Schnabel, G. (2011). *Leistung - Training - Wettkampf* (2nd ed.). Aachen: Meyer & Meyer.

Schoenfeld, B. J., Contreras, B., Willardson, J. M., Fontana, F., & Tiryaki-Sonmez, G. (2014). Muscle activation during low- versus high-load resistance training in well-trained men. *European Journal of Applied Physiology, 114*(12), 2491–2497.

Schwarz, M. (2007). *Schmerzfrei mit der Dorn-Methode: 45 effektive Übungen zur Selbsthilfe*. Augsburg: Foitzick.

Schwichtenberg, M., & Jordan, A. (2012). *Kräftigen und Dehnen*. Aachen: Meyer & Meyer.

Sofi, F., Molino Lova, R., Nucida, V., Taviani, A., Benvenuti, F., Stuart, M., ... & Macchi, C. (2011). Adaptive physical activity and back pain: a non-randomised community-based intervention trial. *European Journal of Physical and Rehabilitation Medicine, 47*(4), 543–549.

Sukopp, D. T. (2014). *Das große Kettlebell-Trainingsbuch*. München: Riva.

Suni, J., Rinne, M., Natri, A., Statistisian, M. P., Parkkari, J., & Alaranta, H. (2006). Control of the lumbar neutral zone decreases low back pain and improves self-evaluated work ability: a 12-month randomized controlled study. *Spine, 31*(18), E611–E620.

Thieme, G. (2012). Internationale Studienergebnisse. *Neuroreha, 4*(4), 150–152.

Tomasits, J., & Haber, P. (2011). *Leistungsphysiologie : Grundlagen für Trainer, Physiotherapeuten und Masseure* (3rd ed.). Wien: Springer.

Udermann, B. E., Mayer, J. M., Graves, J. E., & Murray, S. R. (2003). Quantitative assessment of lumbar paraspinal muscle endurance. *Journal of Athletic Training, 38*(3), 259.

van Dieën, J. H., Cholewicki, J., & Radebold, A. (2003). Trunk Muscle Recruitment Patterns in Patients With Low Back Pain Enhance the Stability of the Lumbar Spine. *Spine, 28*(8), 834–841.

Weineck, J. (2004a). *Optimales Training: leistungsphysiologische Trainingslehre unter besonderer Berücksichtigung des Kinder- und Jugendtrainings*. (14th ed.). Balingen: Spitta.

Weineck, J. (2004b). *Sportbiologie* (9th ed.). Balingen: Spitta.

Zimmermann, E., Starischka, S., & Grosser, M. (2015). *Das neue Konditionstraining: Grundlagen / Methoden / Leistungssteuerung / Übungen / Trainingsprogramme* (11th ed.). München: BLV.

# BEI GRIN MACHT SICH IHR WISSEN BEZAHLT

- Wir veröffentlichen Ihre Hausarbeit, Bachelor- und Masterarbeit

- Ihr eigenes eBook und Buch - weltweit in allen wichtigen Shops

- Verdienen Sie an jedem Verkauf

Jetzt bei www.GRIN.com hochladen und kostenlos publizieren